W9-ANX-731

Perles
de la
Littérature

Dans la même collection

Le cabinet de curiosité

Excusez les parents, Pierre Ferran
Les vrais mots d'enfants, Pierre Ferran
Les perles du courrier administratif, Pierre Ferran
Perles de la Littérature, Tome 1, Pierre Ferran
Perles de la Littérature, Tome 2, Dominique Jacob
L'amour à la carte, Pierre Ferran
1,50 F la ligne,
De si jolies petites annonces 1870-1900, Anne Galey
Manuel du savoir-mourir, André Ruellan, avec
des dessins paniques de Topor, Prix de l'Humour noir 1963

Pierre Ferran

Perles
de la
Littérature

Tome 1

Horay

© Pierre Horay Editeur, 1999, 2000
22, bis passage Dauphine - 75006 Paris
e-mail : editions@horay-editeur.fr

ISBN : 2-7058-0285-1

"Chacun se trompe ici-bas."

La Fontaine

(*Fables*. VI - 17)

L'introduction accidentelle d'une impureté dans un coquillage est à l'origine de la formation des perles. Dans la nacre d'une œuvre littéraire, un grain d'étourderie, une goutte d'inadvertance donneront également naissance à une perle.

On en découvre dans tous les ouvrages. Sous la signature des écrivains les plus célèbres, des plus féconds, (les Feuilletonistes) aux plus rigoureux (Flaubert lui-même n'en est pas exempt).

Qu'on n'aille pas confondre la *coquille,* erreur typographique dont l'auteur n'est pas responsable et qui reste étrangère à notre actuel propos, avec la *perle,* sottise résultant de lapsus calami, bévues, pataquès, anachronismes, catachrèses et autres tournures fautives.

Inutile de dire que ces fruits de la distraction sont fort divertissants. D'érudits compilateurs se sont de tout temps complus à les récolter pour l'amusement de leurs lecteurs; Albert Cim, Robert Francheville, Paul Reboux, les collaborateurs du *Canard Enchaîné*, etc, en ont rassemblé des pages entières.

De la sélection que nous proposons ici nous avons exclu toutes les perles relevées dans la presse, nous contentant de reproduire celles qui provenaient de revues et d'ouvrages édités. Il nous a paru en effet que les conditions de travail du journaliste, plus défavorables que celles de l'écrivain, nous interdisaient, sous peine de fausser le jeu, de nous prévaloir des négligences de sa prose quotidienne.

Quelques pages blanches, à la fin de ce livre, permettront à chacun de compléter cette collection lapidaire en y notant ses propres trouvailles, une moisson de ce genre n'étant jamais terminée.

IL Y A COMME UN DÉFAUT

"Ma mère, c'est pour moi une légende. Il me semble
que je n'étais pas né quand je l'ai connue."

Victor Cherbuliez
(Le Comte Kostia)

"Et c'était aussi triste que si elle avait suivi l'enterrement de la dernière créature vivante."

J. H. Rosny aîné
(Marthe Baraquin)

"Il n'y a pas de corbeaux noirs."

Aurélien Scholl

"L'autre interlocuteur était vêtu d'un costume ecclésiastique adapté aux exigences du voyage, c'est-à-dire que ce costume se bornait à un rabat et à un petit collet."

F. de Nion
(L'Agonie de l'Aigle)

"Je n'y vois plus clair, dit la vieille aveugle."

Honoré de Balzac
(Scènes de la vie privée. Béatrix)

"Ces belles qui, toujours sages, couraient les champs sur leurs palefrois et mouraient à quatre-vingts ans, tout aussi vierges que leurs mères..."

Florian
(Traduction de *Don Quichotte,* chapitre IX)

"Victorine continua sa lecture en fermant les yeux."

Edmond About
(Les Mariages de Paris)

"Il est onze heures, répéta le personnage muet."

Honoré de Balzac
(Scènes de la vie privée. La Bourse)

"Daniel ne répondit pas. C'était la première fois qu'il parlait ainsi à son père."

Jules Mary
(Roger la Honte)

- Où donc avez-vous pris tout ce sucre ?
- Nanon est allée en chercher chez Fessard.
Il est impossible de se figurer l'intérêt que
cette scène muette offrait."

Honoré de Balzac
(Eugénie Grandet)

"Oui, nous partons, dit Pierre, qui se détourna,
cherchant son chapeau pour s'essuyer les yeux."

Emile Zola
(Lourdes. Première édition*)*

TÉRATOGENÈSE

"Mon coeur attend de pied ferme
toutes les rigueurs de son infortune."

Bussy-Rabutin
(Histoire amoureuse des Gaules)

"Guillaume est un garçon honnête,
mais qui ne s'est jamais aperçu que
son coeur lui servît à autre chose
qu'à respirer."

Alfred de Musset
(*Le chandelier.* Acte III, scène II)

"Puis, c'était un capitaine, le bras gauche arraché, le flanc droit percé jusqu'à la cuisse, étalé sur le ventre, qui se traînait sur les coudes."

Emile Zola
(La débâcle)

"Celui-ci a trouvé le cadavre d'un homme
à moitié couché et à moitié assis, la main
levée tenant le gobelet d'une manière
gracieuse et l'approchant d'une mâchoire
à laquelle il manquait toute la tête."

Lacassagne et Martin
(Précis de Médecine légale)

"Les jambes lancées trop haut pour la marche
en terrain plat retombent lourdement sur le sol;
elles sont jetées à droite ou à gauche,
s'embarrassent les unes dans les autres."

D. H. Lavraud
(Rééducation physique et psychique)

"Jeantrou avait gardé sur le coeur
les coups de pied au cul de la baronne."

Emile Zola
(L'Argent)

"La seule personne qui ne comprit rien
à tout ce qui se passait était la négrillonne,
accroupie comme un sphynx dont l'oeil roulerait
sous l'orbite, au coin de la cheminée."

Louis Noir
(La Flotte fantôme)

"Le misérable se précipita sur l'enfant.
Il lui saisit la tête et lui en vida
le contenu dans la bouche."

Alexis Bouvier

"De nouveau elle leva un bras qui ne semblait pas faire partie de son corps : un reptile hésitant dont la main eût été la tête."

François Mauriac
(*Les Anges noirs*)

JEUX DE MAINS ...

"Cette femme avait une taille svelte et souple qu'une main d'homme eût aisément emprisonnée dans ses dix doigts."

Charles Merouvel
(Jenny Fayolle)

"Le vieux gentilhomme se promenait tout seul
dans son parc, les mains derrière le dos
en lisant son journal."

Ponson du Terrail
(Le Forgeron de la Cour-Dieu)

"A sa vue, le visage du nègre pâlit affreusement.
Il se précipita vers la fenêtre un pistolet dans
chaque main et de l'autre il s'écria :
Enfer et damnation."

Ponson du Terrail
(Rocambole)

"Cette main, secouée dans le vide, hurlait au secours."

Henri Lavedan, de l'Académie Française

(*Qui?* Nouvelle)

"Votre main droite sait certainement ce que fait votre main gauche, mais elle ne le dit pas. Louons sa discrétion."

Pourquery de Boisserin

"Elle avait la main froide comme celle d'un serpent."

Ponson du Terrail
(Rocambole)

"Et sa bouche vint prendre la place de sa main."

Henry Bordeaux, de l'Académie Française
(Les Roquevillard)

L'ÉVIDENCE MÊME

"Il avait un pantalon de velours
et un gilet de la même couleur."

Ponson du Terrail
(Rocambole)

"Le zèbre est ainsi dénommé, non pas à cause de sa rapidité mais à raison de ses zébrures."

M. Cendrier
(Histoire Naturelle)

"La Delaware coule parallèlement à la rue
qui suit son bord."

Chateaubriand
(Voyage en Amérique)

"Sitôt qu'un Français a passé la frontière,
il entre en pays étranger."

Louis Havin
(Le Siècle)

"Ce beau climat de la Provence serait froid
si un soleil torride ne venait le réchauffer."

Adolphe Thiers
(Histoire du Consulat et de l'Empire)

LES ANIMAUX EXTRAORDINAIRES

"Je m'amusais à voir voler les pingouins."

Chateaubriand
(*Le Génie du Christianisme.* V-VII)

"La poule, sortant une langue en spatule, éjacula."

J. H. Rosny
(Dans la rue)

"Enfin, mettant la main sur ses yeux
comme les oiseaux qui se rassurent..."

Prosper Mérimée
(Colomba)

QUAND ON EST MORT ...

"Là son pied heurta un cadavre; elle abaissa
sa lampe : c'était celui du garde qui avait eu
la tête fendue; il était complètement mort."

Alexandre Dumas
(La Reine Margot)

"Je ne l'avais jamais revu depuis sa mort."

Paul Hervieux
(La Figure filante)

"Leur mobilier se composait d'une simple malle et d'un cadavre."

Pierre Souvestre et Marcel Allain
(*Fantomas.* Tome III, *La mort qui tue*)

"Par moment la fièvre réveille le jeune mort,
plus incolore que ses linges."

Lucie Delarue-Mardrus
(L'Acharnée)

"D'avoir pu le tuer vivant. Je me glorifierai
 sans cesse."

Scribe
(L'Héritier)

LES POLYGLOTTES

"Pouah ! s'écria-t-elle en français   (car c'était
la langue qu'elle parlait avec Otto)."

Daniel Lesueur
(Calvaire de femme)

"Ah ! Ah ! fit-il en portugais."

Alexandre Dumas

"Quelle a pu être l'horreur de l'enfantement
pour cette malheureuse qui accouchait en russe."

Lucie Delarue-Mardrus
(Journal)

LES BONS COMPTES

"Tous les matins, les trois jeunes filles passaient sous la fenêtre du sultan avec leur allure de princesse et avec leurs six paires d'yeux babyloniens."

Dr J.-C. Mardrus
(*Les Mille et Une Nuits.* Tome XIV)

"L'homme brun aux yeux noirs est resté maître des quatre hémisphères qui forment l'Europe méridionale."

Gabriel Hanotaux, de l'Académie Française
(*Histoire de la France contemporaine. IV*)

"Le diamètre apparent de la lune varie
du simple au décuple entre apogée et
périgée."

Patrick Moore
(Guide de la lune)

"Il avait soixante-dix ans et en paraissait
facilement le double."

Léopold Stapleaux
(Les Ingénus de Paris)

"L'administration pénitentiaire dispose, avec
ses 15 000 forçats, de 30 000 paires de bras."

Pierre Mille
(L'oeuvre coloniale. 21.9.1923)

ZÉRO EN GÉOGRAPHIE,

ZÉRO EN HISTOIRE

OTHON III
Et je n'ai pas l'esprit d'un Docteur en Sorbonne.

Victor Hugo
(La Légende des Siècles)

Remarque : Othon III est mort en 1002 et la Sorbonne a été fondée en 1252.

"Ah! mon très cher cousin, vous voulez que j'émigre
Dans cette Afrique où l'homme est la souris du tigre!"

Victor Hugo
(Ruy Blas. Acte III, scène II)

"Saint-Jean Chrysostome, né à Antioche (Asie)
ce Bossuet africain."

Xavier de Maistre
(Voyage autour de ma chambre)

"Jésus fit le miracle du vin... afin que fut plus complète la joie aux noces de son ami Cana."

Charles-Louis Philippe
(Antée)

"On accrochera les spéculateurs aux becs de gaz, comme en 1789."

Georges Buisson
(La Chambre et ses députés)

"Les ébénistes et les tapissiers qui, au XVII° siècle, reproduisaient indéfiniment, sur les consoles et les fauteuils à pied de biche, les mêmes bouquets de roses ou la même guirlande de fleurs, faisaient du Louis XV sans s'en douter!"

Gabriel Hanotaux, de l'Académie Française
(La Seine et les quais)

"A Stantinelle, dans les rebuts du village préhistorique, M. Ors a trouvé les os de cinq espèces de ruminants ; le boeuf, le mouton, la chèvre, le porc, le chien."

G. Perrot
(Guide du savant et du touriste)

ENTHOUSIASME FORCÉ

"Tout ce qui était sorti de ses entrailles lui était cher."

Victor Cherbuliez
(Après fortune faite)

"La diarrhée et son traitement rationnel,
voilà certes un titre alléchant."

Bulletin médical de Paris. Année 1907

"La vessie, ce miroir de l'âme."

Docteur Janet
(*Manuel du baccalauréat.* Philosophie)

EN TOUTE FRANCHISE

"Il tombe aux griffes des marchands, traverse la bohème, le monde des coulisses, l'Opéra et les filles..."

Louis Gillet
(*Histoire de l'Art*. Watteau)

"Le criminel ne compte que sur l'immense satisfaction que pourraient peut-être lui procurer quelques bons coups; on a fait maintes fois des réflexions analogues pour les jeunes filles égarées."

Georges Sorel
(Bulletin de la Société Française de Philosophie. 1907)

"Le public s'accoutume aux sous-entendus et il lui faut des choses de plus en plus licencieuses. Il y a M. Zola que je tiens pour un homme de grand talent, du moins l'école, où si vous voulez la queue de M. Zola."

Francisque Sarcey, critique littéraire

"Adonné à la poésie érotique Melendez pensa
entrer dans les ordres."

Fitz-Kelly
(Histoire de la littérature espagnole)

"La salle à manger sera aussi accueillante
que la maîtresse de maison. On doit être
heureux d'y pénétrer et n'en sortir qu'à regret."

Pierre Andrieux
(L'Art de la Table)

"Les *que l'on* m'agacent, je préfère les *qu'on*."

Maurice Chapelan
(Usage et Grammaire. Le Figaro littéraire. 25.5.1963*)*

ADDITIFS
PERSONNELS

Saisi sur
Macintosh
composé en
Times de corps 13
cet ouvrage a été imprimé
en septembre 2000
sur les presses de l'imprimerie Corlet
pour le compte de
Pierre Horay Editeur
à Paris

N° d'éditeur : 910
N° d'imprimeur : 50034
Dépôt légal : septembre 2000
Imprimé en France